箱根・仙石原の四季物語

16年間過ごした著者が綴

JN044541

撮影・文　加藤 学

モモンガ

ようこそ箱根仙石原へ！！

さあ、大きく深呼吸をしてください。
空気が新鮮で気持ちいいでしょう。

青い大空と緑の山々、そして広い草原に森林。
まぶしい太陽と、いっぱいの自然が、
美しい空気をつくり出しています。

この空気を胸いっぱい吸いながら、
仙石原を歩いてみてください。

目　次

箱根仙石原はこんな場所
（早春の息吹きから春本番へ）

仙石原から望む金時山

春の足音は少しずつ大きく

メジロとヤマガラ（メジロ科とシジュウカラ科）　エナガ（エナガ科）

年が明けて冬本番の仙石原。しかし寒風の中、ひと足早く姿を現した芽や花が見られます。

ふかふかのコブシの芽やネコヤナギ。

寒さ和らぐ暖かな日。鳥たちも元気に動き回り、春の訪れに備えます。

アオジ（ホオジロ科）　　　　ハクセキレイ（セキレイ科）

仙石原ってどんな所？ 火山活動がつくった名所

仙石原は観光地で有名な、神奈川県箱根町の北西部に位置しています。総面積は約16ヘクタール。標高は場所によって異なりますが、中心部で約640m〜650m。東京スカイツリー（634m）と同じくらいの高さなのです。

赤い点線内が仙石原（地図製作…U design）

約40万年前から火山活動を続けた箱根山。大規模な噴火と隆起を繰り返しつつ、外側を取り巻く最も古い「古期外輪山」、その後内側に形成された「新期外輪山」、いちばん真ん中の新しい「中央火口丘」という、「三重式カルデラ」が形成されました。

仙石原は、三重式カルデラの北西に位置しています。

約 3000 年前、箱根でいちばん高い神山が大規模な噴火をしました。
そして約 2900 年前にとがった山体（溶岩ドーム）が登場し、長い年月をか
けて冷え固まり、現在の冠ヶ岳と大涌谷が誕生します。

冠ヶ岳の誕生は北西方向に激しい火砕流を発生させ、三重式カルデラ内を土
砂で埋め尽くしました。これが仙石原を形成し、せき止められた早川の水が
南へたまり、芦ノ湖をつくったのです。
丸岳頂上からは、仙石原の成り立ちが観察できます。

【仙石原に春を告げる行事…その1】

仙石原すすき草原　山焼き

　毎年3月中旬、晴天で風の弱い日に実施される、自然景観を守るために行う、箱根町の消防団総出の大規模行事。台ヶ岳北側斜面は、紅蓮の炎と煙に包まれます。真っ黒こげになった草原には、さまざまな植物が芽吹いていきます。

【仙石原に春を告げる行事…その2】

仙石原諏訪神社　湯立獅子舞

　毎年3月27日、仙石原諏訪神社で行われる江戸時代からの伝統行事。
仙石原諏訪神社氏子会によって実施され、獅子が勇ましく境内を駆けめぐります。獅子は熊笹の葉で、無病息災の熱湯を人々に振りまきます。

9

【箱根仙石原への交通アクセス】

（1）箱根登山バス小田原駅または箱根湯本駅から
小田原駅東口４番のりば、箱根湯本駅３番のりばから「湖尻桃源台行き」乗車

【仙石原までの所要時間】

小田原駅から約40分〜50分、箱根湯本駅から約25分〜30分

（土日祝日等は余分に時間を要します）

【仙石原エリアの主なバス停】（2024年4月現在）

俵石・箱根ガラスの森前・・・（箱根ガラスの森美術館まで徒歩１分）
仙石・・・（長安寺まで徒歩１分、仙石原諏訪神社まで５分）
仙石案内所前・・・（箱根湿生花園まで徒歩10分）
仙石高原・・・（台ヶ岳ススキ草原まで徒歩１分）

（注）伊豆箱根バスは仙石原へは運行していませんので、ご注意ください。

春の仙石原交差点

【箱根仙石原への交通アクセス】

(2)　箱根登山電車を利用し箱根登山バス強羅駅から

箱根湯本駅から乗車し、強羅駅で下車後、観光施設めぐりバス
「（ポーラ美術館・ガラスの森・仙石経由）湿生花園前行き」乗車

【仙石原までの所要時間】

強羅駅から約 15 分～ 30 分（土日祝日等は余分に時間を要します）

【仙石原エリアの主なバス停】（2024 年 4 月現在）

箱根ガラスの森・・・（箱根ガラスの森美術館まで徒歩 1 分）
箱根ラリック美術館・・・（箱根ラリック美術館まで徒歩 1 分）
仙石・・・（長安寺まで徒歩 1 分、仙石原諏訪神社まで 5 分）
湿生花園前・・・（箱根湿生花園まで徒歩 1 分）

(注) 強羅駅は箱根登山電車と、箱根登山ケーブルカーが乗り入れています。

春霧の冠ヶ岳と仙石原

（3）小田急ハイウェイバス・新宿駅から

新宿駅南口バスターミナル「バスタ新宿」Ｂ４のりばから「御殿場・箱根方面行き」乗車

【仙石原までの所要時間】

約２時間００分〜２時間15分（土日祝日等は余分に時間を要します）

【仙石原エリアの主なバス停】（2024年4月現在）

金時神社入口・・・（公時神社まで徒歩７分）
金時登山口・・・（金時山登山口まで徒歩すぐ）
箱根仙石・・・（長安寺まで徒歩１分、仙石原諏訪神社まで５分）
箱根仙石案内所・・・（箱根湿生花園まで徒歩10分）
仙石高原・・・（台ヶ岳ススキ草原まで徒歩１分）

（注）仙石原小学校前、箱根ハイランドホテル前、箱根ガラスの森前は、１日５便停車。

（4）マイカーまたはオートバイでのアクセス

【小田原方面から】

国道１号〜国道138号〜神奈川県道75号を経由し、中心部まで約40分
（国道１号・宮ノ下交差点から国道138号に入り、宮城野を通過してさらに上ります）

【御殿場方面から】

国道138号または静岡県道401号〜神奈川県道75号を経由し、中心部まで約30分
（深沢東交差点で国道138号に合流し、乙女トンネルを越えて下ります）

（注）
●箱根の山の道路はほとんどが、カーブの連続する坂道です。くれぐれも安全運転で。
●大雨の後や降雪時は、通行止め箇所が発生する場合があります。
　また、雪対策（雪道用タイヤやチェーンの装着等）を万全にしてください。

陽春から初夏へのうつろい

金時山に咲くシロヤシオ（ツツジ科）

仙石原自然探勝歩道を歩こう

仙石原自然探勝歩道は全長約 8.0km。芦ノ湖北岸から仙石原中心部へと至る、約 2 時間半のハイキングコースです。火山活動でできた大涌谷や冠ヶ岳に金時山を見ながら、仙石原へ到着します。

（コース詳細は 22 ページ）

春に仙石原で出会える花々

タチツボスミレ (スミレ科)

ニョイスミレ (スミレ科…別名ツボスミレ)

木の上、そして足元にも…

キブシ（キブシ科）

ヤマザクラ（バラ科）

エイザンスミレ（スミレ科）

スミレ（スミレ科…別名ホンスミレ）

タニギキョウ（キキョウ科）

クサボケ（バラ科）

公時神社…御祭神は日本昔話のヒーロー

<ruby>公時神社<rt>きんときじんじゃ</rt></ruby>は、金時山の真下にあります。1961（昭和36）年に社殿が建てられました。お祀りされている神様は「坂田公時 命<rt>サカタノキントキノミコト</rt>」。
幼名は「金太郎」・・・日本昔話で有名な金太郎だと言われているのです。

　　※毎年5月5日には「金時祭」が行われ、子どもたちの成長を祈願します。

金太郎伝説に彩られた大きな岩

金時の宿り石　　　　　　　　　　　　この岩は公時神社奥の院、昔はここが公時神社でした。

公時神社から登山道を山奥へ進むと、いきなり現れる「金時の宿り石」。箱根の火山活動で、金時山から崩落した岩石なのですが、金太郎がおばあさんと住んでいたという伝説や、金太郎が山の上から投げ落としたという、金太郎の怪力を物語る伝説があります。

仙石原から金時山に登ろう

仙石原から望む金時山

金時山は仙石原の北西にそびえる山で、日本三百名山に指定されています。
ここ箱根ではとりわけ人気が高く、年間 10 万人近い人々が登る山。
体力と時間に余裕があれば、仙石原から金時山に登ってみましょう。

（登山道は 3 つあり、いずれも険しいです。コース詳細は 22 ページ）

金時山頂上からは富士山が正面に！！

金時登山口バス停から矢倉沢峠を経由する登山道、公時神社からの登山道、
乙女口バス停から乙女峠〜長尾山を経由する登山道の 3 つがあります。いず
れも険しい道ですが、片道約 1 時間 40 分〜 2 時間 20 分で登頂できます。

（コース詳細は 22 ページ）

晩春から初夏…金時山に咲く花々

マメザクラ（バラ科…別名フジザクラ）

ミツバツチグリ（バラ科）

金時山には約 400 種類の花が咲きます

シロヤシオ（ツツジ科…別名ゴヨウツツジ）

トウゴクミツバツツジ（ツツジ科）

乙女峠…悲しき少女の伝説と、あの有名な方

ススキ草原から望む乙女峠と長尾山

乙女峠は仙石原の西にあります。…昔、仙石原に「とめ」という娘さんがいました。お父さんの病気が治るように、峠の向こうへ毎日「願掛け」に行ったのですが、ある冬、大雪の峠で力尽きてしまいました。人々はいつしかここを「乙女峠」と呼び、とめさんの霊を供養しているのです。

とめさん、オトメスミレが咲いてるよ

乙女峠から望む富士山

ここ乙女峠で発見された植物が、初夏に花咲くオトメスミレ（スミレ科）。
その愛らしい姿は人々の心を打ちます。このオトメスミレを発見・命名した
人こそ、植物学者の牧野富太郎博士。健気な娘さんと、有名な博士の乙女峠
…白いオトメスミレが静かに物語っています。

【仙石原自然探勝歩道と金時山登山道情報】

【芦ノ湖北岸〜仙石原自然探勝歩道】

芦ノ湖の北端から山沿いに、仙石原の中心部方面へ向かう自然探勝歩道です。

コースタイム・・・(仙石案内所前バス停から、箱根登山バスまたは小田急ハイウェイバスに乗車、約15分の「箱根レイクホテル前バス停」で下車)

箱根レイクホテル前バス停(5分)芦ノ湖キャンプ村前(5分)湖尻水門・湖尻新橋(45分)耕牧舎跡(60分)温湯の池(5分)早川の橋(15分)仙石原浄水センター前(10分)湿原通り(10分)箱根湿生花園

【仙石原〜矢倉沢峠経由金時山登山道】

仙石原中心部から最短時間で登頂可能な、いちばん親しまれる登山道です。

コースタイム・・・(金時登山口バス停までは、国道138号を歩きます)

仙石バス停(2分)金時登山口バス停(10分)登山道入口(30分)矢倉沢峠(10分)長方形の岩(20分)金時山肩(20分)金時山頂上

【仙石原〜公時神社経由金時山登山道】

金太郎伝説に彩られた公時神社を起点とする、人気の高い登山道です。

コースタイム・・・(金時神社入口バス停までは、国道138号を歩きます)

仙石バス停(2分)金時登山口バス停(10分)金時神社入口バス停(5分)公時神社(20分)金時宿り石(35分)金時山肩(20分)金時山頂上

【仙石原〜乙女峠〜長尾山経由金時山登山道】

仙石原から国道138号を経由して乙女峠に登り、長尾山を越えてゆくロングコースです。

コースタイム・・・(登山道入口までは、国道138号を歩きます)

仙石バス停(2分)金時登山口バス停(10分)金時神社入口バス停(15分)乙女口バス停(1分)登山道入口(40分)乙女峠(20分)長尾山(45分)金時山頂上

乙女峠から丸岳を往復することもできます。(片道35分)

青空はやがて梅雨空に
（鳥の声は大きく花の色は美しく）

初夏を彩るサンショウバラ（バラ科）

仙石原で出会う初夏の鳥たち

ウグイス（ウグイス科、日本三鳴鳥）

キジ（キジ科、日本の国鳥）

アカゲラ（キツツキ科）

コゲラ（キツツキ科）

キジバト（ハト科）

カケス（カラス科）

深緑の森は野鳥たちの天下

カワセミ（カワセミ科）

シジュウカラ（シジュウカラ科）

キビタキ（ヒタキ科）

オオルリ（ヒタキ科、日本三鳴鳥）

ホオジロ（ホオジロ科）

ホトトギス（カッコウ科）

水鳥たちもスイスイと涼しげに

カルガモ（カモ科）

マガモ（カモ科）

サンショウバラは箱根の誇り

サンショウバラ（バラ科）

初夏を迎えた箱根の山に、一段と大きな花々が咲きはじめます。
これこそサンショウバラ。「ハコネバラ」とも呼ばれ、箱根町の花に指定されています。仙石原でもあちこちにピンク色の花を輝かせ、夏〜秋にはトゲトゲの実になります。

初夏…箱根湿生花園を彩る花々

クリンソウ（サクラソウ科）

オカタツナミソウ（シソ科）

ニッコウキスゲ（ユリ科…別名ゼンテイカ）

ハマナス（バラ科）

（箱根湿生花園の詳細は 44 ページ）

ノハナショウブ（アヤメ科）

ササユリ（ユリ科）

歴史深いお寺・長安寺を訪ねて

仙石原交差点近くにある長安寺。少し入れば石柱の建つ大門があり、鬱蒼とした参道を進めば山門と本堂が見えます。江戸時代に建てられた由緒あるお寺。参道につづく五百羅漢さまや四季の花々にきっと心清められます。ぜひ参拝してみてください。

参道につづく五百羅漢さま

お釈迦さまの弟子として修行を積み、最高位を与えられた「阿羅漢」という
方が、喜怒哀楽の顔を見せる五百人を呼び集めたとされています。笑った顔、
おどけた顔、瞑想した顔…さまざまな表情の五百羅漢さま。

長安寺は花の名所…心で味わう美しさ

カタクリ（ユリ科）　　　　　　セッコク（ラン科）

ショウジョウバカマ（メランチウム科）　シャクナゲ（ツツジ科）

ヒメシャガ（アヤメ科）　　クマガイソウ（ラン科）

イワタバコ（イワタバコ科）　イワシャジン（キキョウ科）

人々に親しまれる「お諏訪さん」

仙石原諏訪神社は江戸時代の 1672（寛文 12）年に鎮座したとされ、1873（明治 6）年に「村社」と定められました。地元では「お諏訪さん」と親しまれ、毎年 3 月 27 日の「湯立獅子舞」は有名。31 段の石段を上ります。

長安寺に隣接しているため、神社仏閣めぐりもおすすめです。

【仙石原の神社仏閣情報】

【曹洞宗龍虎山 長安寺】

（所在地）神奈川県足柄下郡箱根町仙石原 82
（ご本尊）釈迦如来像
（拝観期間）通年拝観自由
（所要時間）境内、参道を含め約 30 分
（箱根町観光協会公式サイト）https://www.hakone.or.jp/535
（交通アクセス）仙石原交差点からすぐ近く
●箱根登山バス「仙石バス停」から、徒歩約 1 分
●無料駐車場約 20 台分（近隣に有料駐車場あり）

【仙石原 諏訪神社】

（所在地）神奈川県足柄下郡箱根町仙石原 88
（ご祭神）建御名方命（タケミナカタノミコト）
（拝観期間）通年拝観自由
（所要時間）境内、参道を含め約 10 分
（箱根町観光協会公式サイト）www.kintokijinja.com/jinja-suwa.html
（交通アクセス）仙石原交差点からすぐ近く
●箱根登山バス「仙石バス停」から、徒歩約 1 分
●駐車場なし（近隣に有料駐車場あり）

【公時神社】

（所在地）神奈川県足柄下郡箱根町仙石原 1181
（ご祭神）坂田公時命（サカタノキントキノミコト）
（拝観期間）通年拝観自由
（所要時間）境内、参道を含め約 20 分
（箱根町観光協会公式サイト）www.kintokijinja.com
（交通アクセス）
●箱根登山バス「仙石バス停」から、徒歩約 15 分
●小田急ハイウェイバス「金時神社入口バス停」から、徒歩約 7 分
●駐車場少数台分あり（近隣に有料駐車場あり）

雨上がりに花々は咲く
（いよいよ白雲わく真夏の空へ）

仙石原に夏を告げるコオニユリの花（ユリ科）

仙石原はいろいろな花が美しい

ヤマボウシ（ミズキ科）

サンショウバラに負けず劣らず、初夏の仙石原を彩る花がヤマボウシ。
白い花びらのように見えるものは「総苞片」と呼ばれます。江戸時代に箱根
を訪れた医師・シーボルトが、世界にその名を広めた植物です。

ウツギ（アジサイ科…別名 ウノハナ）

ニシキウツギ（スイカズラ科）

こんな大きな花やユニークな花も

ホオノキ（モクレン科）

ギンリョウソウ（ツツジ科）

葉緑素を持たない「腐生植物」です。

仙石原…夏を謳う花たち

ヤマユリ（ユリ科…神奈川県の花）

シシウド（セリ科）

ひんやりと心地良い木・ヒメシャラ

ヒメシャラの花と若葉（ツバキ科）

ヒメシャラの若葉と光沢のある樹木

箱根湿生花園…花々も夏の色に

フシグロセンノウ（ナデシコ科）

カセンソウ（キク科）

白く美しき湿原の妖精たち

ミズチドリ（ラン科）

サギソウ（ラン科）

花も実も不思議な植物・ツチアケビ

ツチアケビの花（ラン科）

薄暗く湿った林内に生え、菌類から養分を得て育つ「腐生植物」。このツチアケビは夏には黄土色の花を、秋にはウインナーソーセージのような実を付けます。

ツチアケビの実

【箱根湿生花園の基本情報】

（所在地）神奈川県足柄下郡箱根町仙石原 817
（創立）1976（昭和 51）年 5 月、日本初の湿生植物園として開園。
仙石原の湿原環境を活かし、日本全国や海外まで 1,700 種類の植物が観察できる。
（電話番号）0460-84-7293
（開園期間）例年 3 月 20 日頃～ 11 月 30 日（年によって変更の場合あり）
（入園時間）09 時 00 分～ 17 時 00 分（最終入園は 16 時 30 分）
（入園料金）大人 700 円、小学生 400 円（2024 年 4 月現在）
（所要時間）園内は約 40 分、展示室は約 20 分
（施設概要）展示室、レクチャー室、施設内外に売店やお食事処、トイレ等あり
（休園日）開園期間は年中無休
（休園期間）例年 12 月 1 日～ 3 月 19 日頃（年によって変更の場合あり）
（公式サイト）https://hakone-shisseikaen.com

（交通アクセス）
●観光施設めぐりバス「湿生花園前バス停」から、徒歩約 1 分
●箱根登山バス「仙石案内所前バス停」から、湿原通りを徒歩約 10 分
●マイカーの場合、小田原または御殿場方面ともに、仙石原交差点から 1 つ
　目の Y 字路を右折、湿原通りを約 1 分
●無料駐車場 90 台分（第 1・第 2 駐車場）あり

箱根湿生花園に咲くミズバショウ（サトイモ科）

山々輝く夏休み

（高原の風に集まる生物たち）

夏の陽光浴びる金時山

ごく身近にいる仙石原の生物たち

駐車場に現れたアズマヒキガエル、上がオス・下がメス（ヒキガエル科）

夜のマンションに現れた蛾、オオミズアオ（ヤママユガ科）

千客万来…夏の仙石原

深夜のマンションに現れたニホンヤモリ（ヤモリ科）

灯りに飛んできたノコギリクワガタ（クワガタムシ科）

夏…仙石原には昆虫がいっぱい

実に 2,000km を移動するアサギマダラ（タテハチョウ科）

オレンジ色あざやかなツマグロヒョウモン（タテハチョウ科）

水辺にたたずむハグロトンボ（カワトンボ科）

シシウドの花にくるアカハナカミキリ（カミキリムシ科）

こんな美しい虫やユニークな虫も！！

宝石のように輝くオオルリハムシ（ハムシ科）

小さなバッタ、ナキイナゴ（バッタ科）

今、仙石原は夏のさかり

樹液にきたカブトムシとカナブン（コガネムシ科）

標高 600m 以上の仙石原も、夏はやはり 30℃以上の日が多くなります。
今、仙石原は夏のさかり。夜になれば盆踊りの歌がきこえるでしょう。
やがてツクツクボウシが鳴きはじめれば、夏も終わりに近づいていきます。

ツクツクボウシ（セミ科）

金時山（きんときやま、標高 1,212m…古期外輪山、寄生火山・日本三百名山）

箱根で最も人気が高く、
登山者の多い山。

長尾山（ながおやま、標高 1,144m…古期外輪山）

金時山の西隣にあり、
存在感抜群な山。

丸岳（まるだけ、標高 1,156m…古期外輪山）

仙石原の西に位置し、
頂上の鉄塔が特徴。

明神ヶ岳（みょうじんがたけ、標高 1,169m…古期外輪山）

箱根の北に位置し、
赤土の岩壁がめだつ山。

箱根でいちばん高い山にススキ草原の山

神山（かみやま、標高 1,438m…中央火口丘、日本三百名山）

火山の中心に位置する、
ここ箱根の最高峰。

冠ヶ岳（かんむりがたけ、標高 1,409m…中央火口丘・溶岩ドーム）

独特のとがった山で、
すぐ下には大涌谷が。

小塚山（こづかやま、標高 859m…中央火口丘・溶岩ドーム）

豊かな森林に覆われた、
知られざる山。

台ヶ岳（だいがたけ、標高 1,045m…中央火口丘・溶岩ドーム）

仙石原で最も存在感が大きく、
ススキ草原が有名。

【箱根の山標高ランキング・ベスト 12】

（2024 年 4 月現在、地図で確認される山のみ）

● 第 1 位・・・神山（1,438m、中央火口丘）
● 第 2 位・・・冠ヶ岳（1,409m、中央火口丘・溶岩ドーム）
● 第 3 位・・・駒ヶ岳（1,356m、中央火口丘・溶岩ドーム）
● 第 4 位・・・早雲山（1,244m、中央火口丘・溶岩ドーム）
● 第 5 位・・・金時山（1,212m、古期外輪山・寄生火山）
● 第 6 位・・・明神ヶ岳（1,169m、古期外輪山）
● 第 7 位・・・丸岳（1,156m、古期外輪山）
● 第 8 位・・・長尾山（1,144m、古期外輪山）
● 第 9 位・・・三国山（1,102m、古期外輪山）
● 第 10 位・・・上二子山（1,099m、中央火口丘・溶岩ドーム）
● 第 11 位・・・下二子山（1,065m、中央火口丘・溶岩ドーム）
● 第 12 位・・・台ヶ岳（1,045m、中央火口丘・溶岩ドーム）

金時山から望む三国山と芦ノ湖

三国山は古期外輪山の 1 つで、仙石原からわずかに見えます。

秋空、やがて冬は来る

仙石原の紅葉

箱根湿生花園…初秋の花々

マツムシソウ（マツムシソウ科）

ツリガネニンジン（キキョウ科）

高原の秋風に吹かれて…

オミナエシ（オミナエシ科）

ワレモコウ（バラ科）

（箱根湿生花園の詳細は 44 ページ）

初秋の変わりやすい天気

夏が過ぎ去ったとはいえ、まだ残暑厳しい仙石原。さらに8月〜9月の仙石原は天気が変わりやすく、台風や秋の長雨などで荒れることも珍しくありません。しかしそんな仙石原だからこそ、このような絶景が見られるのです。

ススキ草原は黄金の穂波

9月から10月へと変われば、仙石原の秋はいよいよ深まっていきます。
さあごらんください。台ヶ岳北麓のススキ草原は、黄金のきらめきでしょう。
さわさわと風に鳴る穂波は、仙石原の醍醐味の一つです。

仙石原と金時山…秋を彩る花

ホトトギス（ユリ科）

ノコンギク（キク科）

秋の花といえば…この花

リュウノウギク（キク科）

リンドウ（リンドウ科）

紅葉に彩られる金時山（丸岳から望む）

キントキシロヨメナ（キク科）

紅葉の名所、長安寺へ

五百羅漢さまが微笑み、季節の花々が迎える長安寺も、いつの間にか紅葉の
最盛期となりました。箱根の中で、ここ長安寺の紅葉は別格でしょう。
さまざまな木々の彩りが、黒々とした甍に映えています。

冬の足音を感じる

初冬の大涌谷と冠ヶ岳

ずっと賑わい続けた大涌谷も、静かな初冬を迎えました。
でも自然のいとなみとエネルギーは、少しも休むことはありません。
山は次の季節への準備に入り、仙石原の一年も静かに暮れてゆきます。

仙石原と温泉…ここにも有名な方が

仙石原の雪景色

箱根には17の温泉があり仙石原はその一つ。大涌谷から引湯し、本格的な温泉気分が味わえます。この仙石原に温泉を開いた人こそ、日本の大実業家、渋沢栄一さん。1930（昭和5）年、温泉地として世に広めたのです。

【仙石原の温泉に関する情報は…】

仙石原が温泉地となるまでの間、そこには牧場経営に尽力した、一人の人物がいました。

渋沢栄一さんは1880(明治13)年、仙石原から芦ノ湖にかけ面積700ヘクタールにおよぶ牧場、「耕牧舎」を開きます。この事業に力を注いだ人こそ、従弟にあたる須永伝蔵さん。

須永さんたちは毎日汗を流して働き、努力を少しずつ実らせます。当時はまだ珍しかった牛乳・バター・牛肉などは、観光に訪れた海外の人々に賞味されたのです。

しかし次第に牧場経営は困難となり、力を尽くした須永伝蔵さんは急逝。そして1905（明治38）年に廃業となりました。（耕牧舎跡…22ページ参照）

その後、渋沢栄一さんは大涌谷からの引湯に成功。箱根温泉供給株式会社を設立します。仙石原が温泉地として発展したのは、「従弟に無理をさせて申し訳ない」という悔恨と、「このままではすまされない」という、渋沢栄一さんの想いなのかもしれません。

【箱根仙石原温泉旅館ホテル組合案内所】

(2024年4月現在)

（所在地）神奈川県足柄下郡箱根町仙石原104
（電話番号）0460-84-9615
（営業時間）13時00分〜17時00分
（休業日）水曜日、木曜日、その他臨時休業日あり

（交通アクセス）仙石原交差点からすぐ近く
●箱根登山バス「仙石バス停」から、徒歩約1分
●小田急ハイウェイバス「仙石バス停」から、徒歩すぐ
●無料駐車場あり（約10台分）
（公式サイト）www.sengokuhara-onsen.com/index.html

仙石原には30におよぶホテルや旅館・民宿があり、人々を心から温めてくれます。

そして再び春は来る
（仙石原の四季は永遠に）

芦ノ湖からの眺め。左から丸岳〜長尾山〜金時山を望む。

絶景をひきたてる仙石原の冬

再び新年を迎えた仙石原。お正月が終わると、本格的な雪がやってきます。
シベリアからの寒気に湿度が加われば、翌朝は雪景色。
山々が朝日に染まる「モルゲンロート」は、仙石原だからこその絶景です。

マイナス10℃の世界

真冬の朝、大涌谷や台ヶ岳は白銀の霧氷におおわれます。霧氷は空気中の水蒸気が厳しい寒気により、樹木などに凍り付く現象。仙石原の街も諏訪神社も、一面の銀世界です。温泉の湯煙が恋しくなる…真冬の仙石原です。

火山と共に生きる

早朝の大涌谷と仙石原

約40万年前に始まったとされる箱根の火山活動は、今もずっと続いています。それを象徴する場所が、箱根の代表的名所・大涌谷でしょう。現在も絶えず噴煙がわきおこり、大量の火山性ガスを生じさせています。

2015（平成27）年。4月から地震が活発化し、火山性ガスの発生が急増しました。5月には大涌谷や神山への立入が規制され、箱根町仙石原では絶えず「ゴォー、ゴォー」と、大涌谷の噴気の轟音が鳴り響きました。そして6月30日には、「噴火警戒レベル3」が発令。もしかしたら大きな噴火がおきるのか…そんな恐怖感さえありました。

幸いその後、噴火警戒レベルは「1」へと引き下げられ、交通機関の出入りも可能となっています。大涌谷は現在、落ち着きを取り戻していますが、いぜん活火山として要警戒状態。
火山活動の影響でホテルや旅館・民宿の宿泊予約が激減し、一時は大きな打撃を受けていた仙石原にも、再び少しずつ人々が戻りつつあります。

その後も仙石原には、2019年10月の令和元年東日本台風が通過。
そして新型ウイルス禍と、さまざまな困難がやってきました。
しかし「大丈夫だよ」
と、箱根の山々がいつも語りかけていたように思います。

ときには噴煙を上げ、大地を鳴動させる箱根の山。反面で、温泉という素晴らしい恵みを授けられました。試練と恩恵を繰り返しながらも、仙石原は、火山と共に生きています。

この冬も鳥たちは元気いっぱい

小春日和に現れたルリビタキ（ヒタキ科）

芝生に現れたツグミ（ヒタキ科）

キツツキは箱根町の鳥です

陽だまりにたたずむコゲラ（キツツキ科）

春雪の芝生にきたアオゲラ（キツツキ科）

そして…仙石原に春は来る

コブシの花（モクレン科）

しんしんと雪が降ったかと思えば、暖かくなったり、再び寒気が入ったり…。
でもあちこちに花々が咲いてきました。春は少しずつ近づいています。

ミスミソウ（キンポウゲ科）

仙石原の四季はめぐる

フサザクラ（フサザクラ科）

仙石原へ向かう箱根の国道沿いに、フサザクラの花が咲いてきました。この花があちこちに見られれば、箱根の山に、仙石原に春の日がやってきます。仙石原の自然のいとなみ、四季のドラマは繰り返していきます。

【主な参考文献】(順不同)

● 「One Coin シリーズ③箱根探訪ハンドブック」仙石原コース（2012年3月 / 箱根町教育委員会 著・発行）
● 「箱根叢書30　箱根 Q&A 125」その歴史と自然（2000年3月 / 箱根叢書刊行企画委員会 著、神奈川新聞社 発行、かなしんブックス）
● 「歩いてみたい！徹底ディープな箱根百色 箱根人の箱根案内〜箱根生まれの箱根育ち〜」（2000年10月 / 山口由美 著、新潮OH！文庫 発行）
● 「山と高原地図30 箱根 金時山・駒ヶ岳」2021年版（2021年3月 / 中田眞二 著、昭文社 発行）

【主な参照サイト】(50音順)

● ウィキペディア 〜フリー百科事典〜
● 神奈川県温泉地学研究所
● 環境省箱根ビジターセンター
● 公時神社 〜箱根仙石原〜
● グーグルマップ
● 箱根ジオパーク
● 箱根ジオミュージアム
● 箱根仙石原温泉 〜箱根仙石原温泉旅館ホテル組合〜
● 箱根仙石原観光協会
● 箱根全山 〜箱根町観光協会公式サイト〜
● 箱根町立 箱根湿生花園
● 箱根ナビ 〜小田急箱根グループ〜

みんな、箱根仙石原においでよ！！

ようこそ箱根仙石原へ！！

春は満開のサクラにウグイスがさえずり、
夏は深い緑を大輪のヤマユリが彩り、
秋は青空にススキの穂波と紅葉が輝き、
冬は雪景色にほっこりと温泉のぬくもり…、

大いなる自然の中へ飛び込んで…
全身で感じられる場所、箱根仙石原です。

【著者・撮影者プロフィール】

加藤　学（かとう　まなぶ）

1969年12月、岐阜県岐阜市出身。
神奈川県箱根町の環境省 箱根ビジターセンターに16年間勤務。
箱根をはじめ富士山の自然を人々に紹介し、現在はフリーライターとして活動中。

岐阜経済大学(現・岐阜協立大学)を卒業し2年間の社会人生活の後、上京。
東洋工学専門学校(現・東京環境工科専門学校)に2年間通う。

神奈川県箱根町仙石原にて2006年10月から16年間を過ごし、
現在は静岡県御殿場市在住。2022年2月に、自身のブログを開設し、
仙石原の自然を中心に、箱根の情報発信中。

ブログ「箱根仙石原へいらっしゃい」
https://hakone-fujiyama.com/

企画　モモンガプレス

箱根・仙石原の四季物語
16年間過ごした著者が綴る仙石原158選

2024年7月29日　初版第1刷

著　者／加藤 学
発行人／松崎義行
発　行／みらいパブリッシング
〒166-0003 東京都杉並区高円寺南 4-26-12 福丸ビル 6F
TEL 03-5913-8611　FAX 03-5913-8011
https://miraipub.jp E-mail: info@miraipub.jp
ブックデザイン／池田麻理子
発　売／星雲社 (共同出版社・流通責任出版社)
〒112-0005 東京都文京区水道 1-3-30
TEL 03-3868-3275　FAX 03-3868-6588
印刷・製本／株式会社上野印刷所